Der Sonnengesang
des heiligen Franz von Assisi

Der Sonnengesang

des heiligen Franz von Assisi

Mit Meditationen
von Paolo Brenni
und dem italienischen Urtext
Illustrationen von Robert Wyß

Rex-Verlag Luzern / Stuttgart

3. Auflage 1983
Übersetzung von P. Dr. Leutfrid Signer OFMCap.

Gedruckt bei Mengis + Sticher AG, Luzern
Einband: An der Reuß AG, Luzern
ISBN 3-7252-0369-5

Am 3. Oktober 1226
starb Franz von Assisi. Voraus war die Leitung seines Ordens in andere Hände übergegangen. Auf dem einsamen Berg Alverna hatte er die Wundmale des Herrn empfangen. Gepeinigt, verlassen und fast völlig erblindet lebte er zuletzt zurückgezogen beim Klösterlein San Damiano, wo ihm die heilige Klara aus Zweiglein eine Hütte herrichtete. In der Armut seines Herzens erwartete hier Franziskus seinen Tod. Inmitten großer Schmerzen flehte er zu Gott und erhielt inneren Trost. Sein Herz erfüllte Friede und Freude. In jener Stunde sang der Heilige das Lied von der Schönheit aller Schöpfung, das er selber «Sonnengesang» nannte. Er ließ die Verse niederschreiben, ersann eine Melodie dazu, lehrte sie den Brüdern und schickte diese damit hinaus in die Welt als singende Troubadoure Gottes.

Heute
staunen wir zwar ob dem «Sonnengesang». Doch er tönt für uns wie aus einem fernen Paradies. Wir erleben die darin besungene heile Welt nicht mehr. Es fehlt uns der kindliche Glaube und die schlichte Demut des Franz von Assisi. Unsere Welt ist auch nicht mehr so schön wie damals im Mittelalter. Doch wir sehnen uns nach der heilen Welt und dem reinen Herzen, aus dem der Sonnengesang hervorging.

In dieser Spannung
zwischen dem Lobgesang des Heiligen und unserer Wirklichkeit sind die Gedanken entstanden, die, bescheiden, klein und unsicher oft, dem edlen franziskanischen Lied der frühitalienischen Sprache und seiner Übersetzung durch Pater Leutfrid Signer angefügt wurden. Robert Wyß hat dazu ansprechende Bilder geschaffen.

Ein gläubiger und gleichzeitig zweifelnder Mensch der Gegenwart liest den «Sonnengesang» und stellt Fragen. Er erwartet nicht sogleich Antwort vom Herrn. Noch weniger erteilt er selber Antwort. Aber auch dieses Fragen wird zum Gebet.

Luzern, im Herbst 1980 Paolo Brenni

«Hier heben an
die Lobpreisungen
der Geschöpfe,
die der selige Franz
zu Lob und Ehren
Gottes verfaßt hat,
da er zu San Damiano
krank darniederlag.»

Cod. 338 Ass.

Altissimu
onnipotente
bon signore:
tue son
le laude
la gloria
e l'onore
e onne
benedictione
a te solu
altissimu
se konfanno
e nullu homo
ene dignu
te mentovare.

Höchster,
allmächtiger,
guter Herr,
Dein ist das Lob,
der Ruhm,
die Ehre
und alle Benedeiung:
Dir, Höchster,
nur gebühren sie,
und kein Mensch
ist würdig
zu nennen Dich.

Schläfst Du, Herr?
Wenn Du doch all-mächtig bist und gut,
warum ist soviel Leid auf Deiner Erde?
Viele unter uns ehren Dich nicht mehr.
Ob soviel Elend sind sie stumm geworden.
Sie weigern sich, Dir Lob zu singen.
Sie murren und fluchen.
Sie nennen Deinen Namen zwar.
Sie fragen, ob Du bist und wer Du bist.
Sie finden keine Antwort.

Wach auf, Herr! Rede!
Gib Antwort ihrem und unserem Fragen,
damit wir alle Dich benedeien.

Laudatu
si mi signore
cum tucte
le tue creature
spetialmente messer
lu frate sole
lu quale
lu iorno
allumeni per nui
e ellu è bellu
e radiante
cum grande
splendore:
de te altissimu
porta significatione.

Vielen scheint die Sonne nicht, Herr!
Sie stehen auf der Schattenseite des Lebens.
Sie frieren an Leib und Seele.
Wie sollen sie Deine Werke loben?
Wie Deine Sonne im Dunkeln besingen?

Andere sticht Deine Sonne unbarmherzig.
Sie ertragen Dein Licht nicht.
Das Leben ist ihnen zu heiß.
Sie verdorren, müde und verzweifelt.

Erbarme Dich aller, die im Dunkeln sind.
Erbarme Dich unser!

Laudatu
si mi signore
per sora luna
e le stelle:
in celu l'ài formate
clarite
e pretiose
e belle.

Gelobt seist Du,
mein Herr,
durch Bruder Mond
und die Sterne;
am Himmel
schufest Du sie,
leuchtend
und kostbar
und schön.

Die Astronauten haben den Mond erobert, Herr.
Er verklärt nicht mehr die Nacht
und läßt uns nicht mehr schlummern.

Die Sterne am Himmel leuchten uns nicht mehr
wie den Weisen aus dem Morgenland.
Sind sie erloschen, Herr?

So haben wir uns künstliche Sterne geschaffen:
die grellen Scheinwerfer,
die flimmernden Reklamen,
den Fernsehschirm
und die Filmstare.
Ihr Licht blendet
und stört die Ruhe der Nacht.
Ihr falsches Licht zeugt Alpträume
und raubt uns den Schlaf.

Laß uns, Herr, wieder Mond und Sterne sehen,
kostbar und schön.
Gib Frieden den Herzen!
Gib selige Nacht und ruhigen Schlaf!

Laudatu
si mi signore
per frate ventu
e per aere
e nubilo
e sereno e onne tempu
per le quale
a le tue creature
dai sustentamentu.

Gelobt seist Du,
mein Herr,
durch Bruder Wind
und die Luft,
durch wolkig
und heiter
und jegliches Wetter,
durch das Du
Deinen Geschöpfen
Gedeihen gibst.

Gewiß, Feuer ist «gewaltig und stark»!
Es verbrennt alles, auch die Menschen.

Man soll nicht mit dem Feuer spielen.
Doch die Menschen spielen damit.
Sie zünden die Häuser ihrer Nachbarn an.
Sie töten mit Feuer:
Feuerwaffen:
Feuerpfeile, Feuerkraft eines Regimentes.
Brandbomben.
Napalm-Bomben.
A-Bomben.

Herr, nicht Du lässest Schwefel und Feuer auf
Sodom und Gomorra regnen.
Nein, böse Menschen werfen Feuer
auf Unschuldige.

Reiße, Herr, den Bösen das Feuer aus den Händen.
und gib es den Guten, daß sie
Licht und Wärme spenden.
So wird das Feuer «schön und fröhlich»,
ein lieblicher Bruder.
Lösche das Feuer böser Leidenschaften
und entzünde das Feuer der Liebe in uns.

Laudatu
si mi signore
per sora
nostra matre
terra
la quale
ne sustenta
e governa
e produce
diversi fructi
e colorati flori
e herba.

Gewiß, Feuer ist «gewaltig und stark»!
Es verbrennt alles, auch die Menschen.

Man soll nicht mit dem Feuer spielen.
Doch die Menschen spielen damit.
Sie zünden die Häuser ihrer Nachbarn an.
Sie töten mit Feuer:
Feuerwaffen:
Feuerpfeile, Feuerkraft eines Regimentes.
Brandbomben.
Napalm-Bomben.
A-Bomben.

Herr, nicht Du lässest Schwefel und Feuer auf
Sodom und Gomorra regnen.
Nein, böse Menschen werfen Feuer
auf Unschuldige.

Reiße, Herr, den Bösen das Feuer aus den Händen.
und gib es den Guten, daß sie
Licht und Wärme spenden.
So wird das Feuer «schön und fröhlich»,
ein lieblicher Bruder.
Lösche das Feuer böser Leidenschaften
und entzünde das Feuer der Liebe in uns.

Laudatu
si mi signore
per sora
nostra matre
terra
la quale
ne sustenta
e governa
e produce
diversi fructi
e colorati flori
e herba.

Ist die Erde noch die Mutter,
die uns nährt?
Sie sagen, die Erde sei nicht mehr fähig,
Nahrung hervorzubringen für alle.
Jeder dritte Mensch hungert.
Weißt Du das, Herr?
Was tust Du dagegen?

Ach, es ist kindisch, Dich beschuldigen zu wollen.
Du hast uns diese Erde anvertraut.
Wir aber treiben Raubbau an ihr.
Wir über-bauen. Wir vergeuden den Boden.
Wir haben Mutter Erde unfruchtbar gemacht.

Wir über-essen uns auf Kosten anderer.
Wir schmieden Kanonen statt Pflüge.
Wir stellen Giftgas her statt Dünger.

Soll die Erde heiliges Land werden,
in dem Milch und Honig fließen für alle,
müssen wir uns anstrengen für gerechte
Verteilung der Früchte.

Reiße auf, Herr, unsere verhärteten Herzen,
damit der Same Deines Wortes in uns dringt und
uns befruchtet, die Erde in ein Paradies zu
verwandeln.

Gelobt seist Du,
mein Herr,
durch jene,
die aus Liebe zu Dir
vergeben
und Schwäche
tragen
und Trübsal.
Selig,
die harren in Frieden,
Du, Höchster,
wirst sie einst krönen.

Gelobt seist Du,
mein Herr,
durch unsere Schwester
Mutter Erde,
die uns ernährt
und erhält,
vielfältige Frucht
uns trägt
und bunte Blumen
und Kräuter.

Willst Du wirklich, daß wir «harren in
Frieden», Herr?
Sollen wir Schwäche und Trübsal
unbesehen hinnehmen?
Sind wir Schafen gleich,
die sich ohne Widerstand zur Schlachtbank
treiben lassen?

Nein, Herr, das kann Dein Wille nicht sein!
Du willst, daß wir kämpfen für den Frieden.
Du gabst uns Kopf und Herz und Hand,
daß wir uns wehren gegen Krankheit,
Elend, Unrecht
und einstehen für die Schwachen.

Nur, wenn unsere Kräfte ganz versagen,
nur, wenn wir alles getan haben,
die Not zu wenden,
nur, wenn das Leiden un-entrinnbar geworden ist,
sollen wir uns ergeben, vorher nicht.

Herr, gib uns Kraft zu starkem Handeln!
Herr, gib uns Kraft zu gutem Dienst!

Gelobt seist Du,
mein Herr,
für unsern Bruder,
den leiblichen Tod;
ihm kann kein Mensch
lebendig entrinnen.
Weh denen,
die in Sünde sterben!
Doch selig,
die er findet
in Deinem
heiligsten Willen;
der zweite Tod
tut ihnen kein Leides.